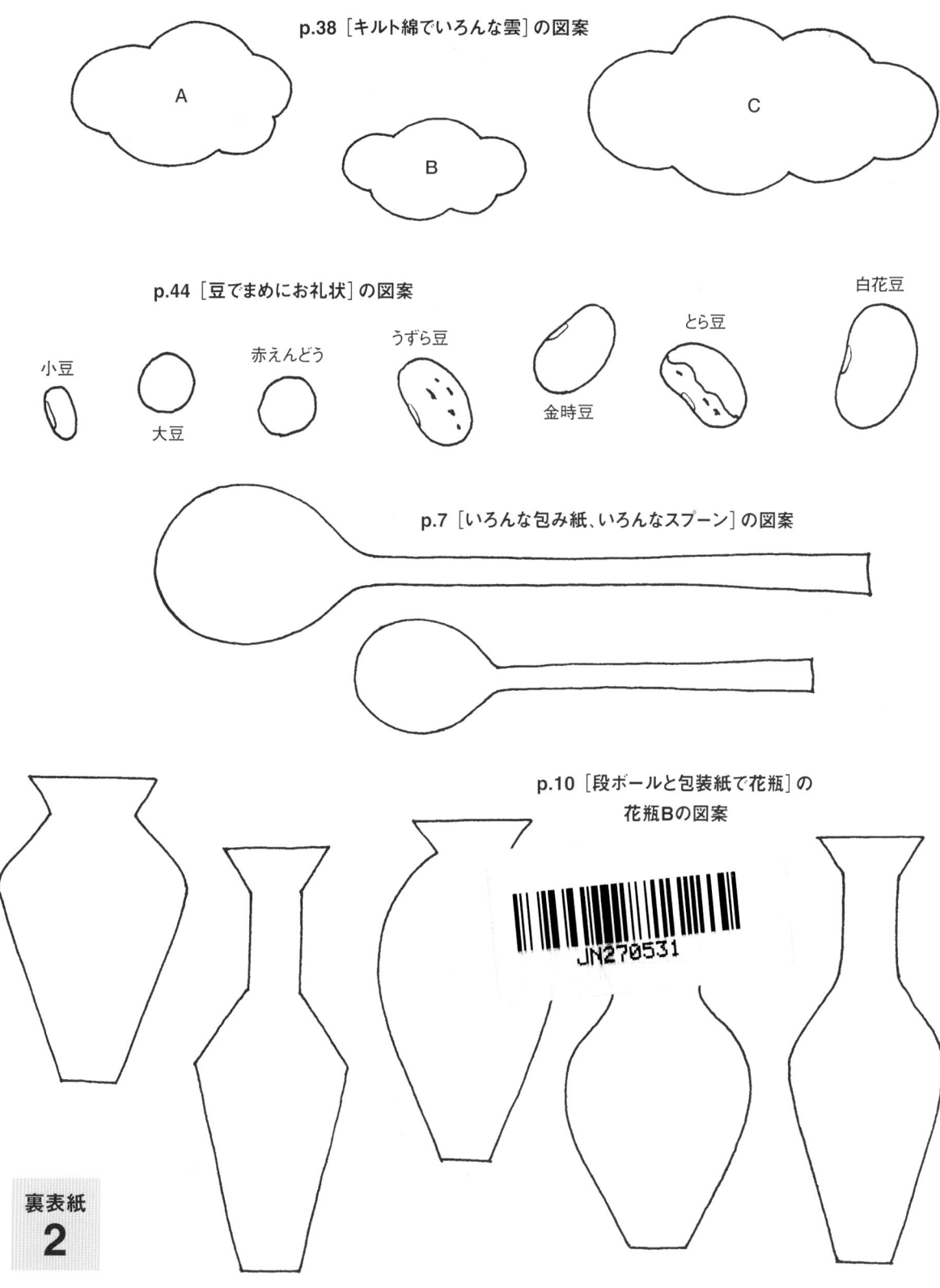

カードは
手作りが楽しい
！

井上由季子
photo 浮田輝雄

文化出版局

Introduction

はじめに

カードは、贈るのも贈られるのも大好き！ 小さな紙きれに、ちょっとした紙片や布きれをはりつけて、カード作りを楽しんでいます。
何かいただき物をしたとき、「ありがとう」を伝えるのに「Thank you」cardをよく作ります。いただいたものの包み紙をちぎってはり、「Thank you」のスタンプをポンと押すだけの、シンプルで簡単なもの。お礼の言葉と一緒に、贈ったものの包みがカードになって返ってくる……贈る人と贈られた人にだけわかる、ちょっとした気持ちの交信。そういうやりとりの楽しみを知ったら、きっとまたもう一つカードを作ってみようという気になると思うのです。

「カードはあまり手作りしない」そんな声を聞きます。
絵がうまくない、材料がない、アイディアが浮かばない……からだとか。

絵がうまくない？？
みんな「うまく作らなければ」と思い込んでいるのでは？ 下手なほうがいいこともあるのです。もし今、幼稚園の子供だったとしたら、きっとあれこれ考える前に手を動かしているはず。上手とか下手とか気にせずに、素直な気持ちで、楽しく、楽しく……ねっ！

材料がない？？
材料はあるんです、身近なところに！ 見方を変えればいろんなものが材料になるし、何度も作るうちに、身の回りから「使えるものを見つけること」も楽しみの一つになります。左の写真は、カードを作るときに出た裁ちくずをはっただけのもの。偶然できた形もかわいい。

アイディアが浮かばない？？
アイディアはこの本の中に！ 思いつかなくても、知ると簡単に作れるカードのアイディアをいっぱい集めました。

楽しい気持ちで作った手作りのカードたちは、みんな温かくて「ざらざら」「ふわふわ」「でこぼこ」いろんな手触りを持っている……受け取った人にも、言葉以上に「気持ち」が伝わります。
それでは、手作りカードの楽しみ、はじまり、はじまりー！

もくじ

紙で作る

いろんな包み紙、いろんなスプーン　7
紙袋の平たい持ち手　8
紙袋の丸い持ち手　9
段ボールと包装紙で花瓶　10
コピーして切り抜く　14
カレンダーの数字を使って　18
段ボールのコテージ　19
紙袋や包み紙を丸める、もむ　22
紙袋の底を使う　26
コピーする→薄紙をはる　30
薄紙に線をかく　32
官製はがきのアレンジ　34

紙のように布を扱う

接着芯を切るだけ（丸と四角）　36
キルト綿でいろんな雲　38
12月のカード　41
豆でまめにお礼状　44
ハートのティーバッグ　46
接着芯のシャーベット　48
接着芯といろんな丸のスタンプ　50

作り始める前に　21　※カードを作る前に読んでください。
カードのあれこれ　25

contents

自然の素材を使う

コピーする→ハーブを差し込む　54
コピーする→スパイスをはる　58
型紙をなぞる→木片をはる　59
セミの声を届ける　62
コルクの月　63
卵の殻を使う　64
七夕のカード　66
線香花火のカード　67

いただき物のお礼状

紙袋、包み紙が材料　68
今までに作ったお礼状　70

ラッピングのアイディア

オーガンディのふろしき　73
ミニカードを作る　74
かけ紙のラッピング　75
消しゴムスタンプ　76
ケーキを包む　77
クッキーを包む　78
おいしいレシピのおまけ　79

various papers

紙で作る

ここでは、身近にある紙の再利用や、透明感のあるトレーシングペーパーを使ったもの、そのほか好みの紙でできるものを紹介しています。

オシャレに再利用

紙袋、包み紙、本屋さんのカバー、宅配便の段ボール箱などなど。集めようと思っていなくても、こういった紙物はなにかしら増えていき、ごみ箱行きにするか、使うあてもなくとっておくか、頭を悩ませることもしばしば。でもこんな「紙くず予備軍」も、見方を変えればオシャレなカードの材料になるのです。身近なものから材料を見つける、これも手作りならではの楽しみ！

透明感のある紙

洋服などを包む薄紙やトレーシングペーパーなど、透けるタイプの紙は買っておくといろいろ使えて便利。薄紙はふわふわのやさしい感じがいいし、ちぎったりくしゃくしゃにすると味が出ます。トレーシングペーパーの半透明感は、手作りカードをオシャレに仕上げてくれます。

英字新聞
コピー紙の包み紙
紙袋
雑誌
梱包材

いろんな包み紙、いろんなスプーン

スプーンという形に切り取られると、印刷された文字が絵みたいに見えてくる。新聞紙や雑誌、紙袋、コピー紙やおまんじゅうの包み紙まで、いろんなものが使える色紙になる。切り取ってはるだけの、簡単な再利用カード。

材料
包み紙
のり
カード
型紙　see→裏表紙2

作り方
包み紙の裏面に型紙を写して、はさみで切り取り、カードにのりではる。

紙袋の平たい持ち手

すごーく簡単なのにオシャレに仕上がるアイディア。作り方は、紙袋の持ち手を切ってはる、ただそれだけ！ポイントは、正方形とその倍の長さの長方形に切ること。並べたときにすっきりセンスのいい仕上りに。

材料　紙袋の平たい持ち手　水のり　カード

紙袋の丸い持ち手

蛍光マーカーを塗るだけで、紙袋の持ち手がねずみ花火に変身!

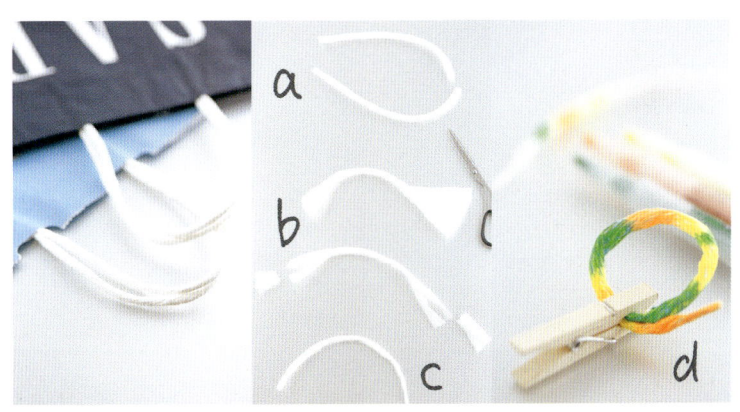

材料
紙袋の丸い持ち手(白)
蛍光マーカー(2〜3色)
カラーペン(金)
水のり
カード

作り方
1. 紙袋から持ち手をはずし、一本の長さが約14cmになるように切る。(a)
2. ひもの両端のよりをほどく。(b)
3. はさみで2の一部を切り取り、ボリュームを減らして再びよる。(c)
4. 蛍光マーカーでストライプに塗り分ける。
5. のりをつけてはる。(d)
※固定するのに洗濯ばさみが便利。
6. カードにのりで5をはり、ペンで「SUMMER」の文字と火花をかく。

↑段ボールの穴に差し込む

段ボールと包装紙で花瓶

植物を添えるとカードがイキイキする。そんなステキな贈り方ができるといいなぁと思いついた花瓶の形。う〜ん、段ボールの断面に注目するなんて、楽しいアイディア……でしょ？！

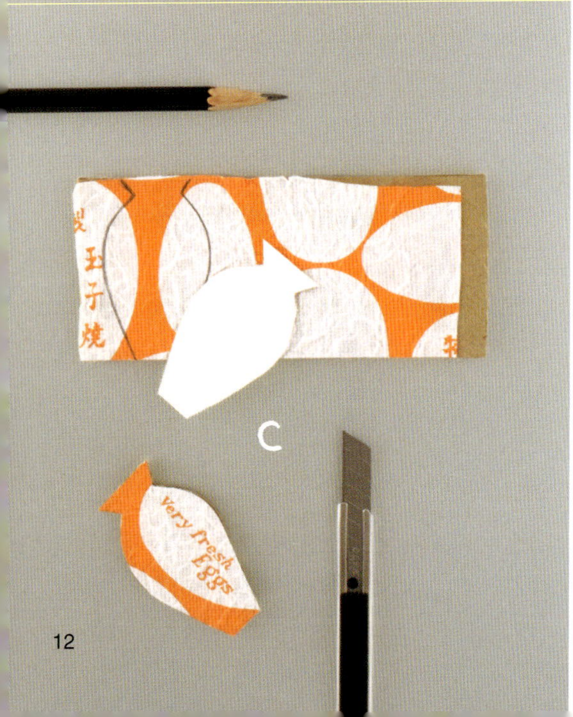

材料
植物
段ボール
包み紙
水のり
カード
型紙（花瓶B）　see→裏表紙2

作り方
1. 包み紙を適当な大きさに切り、ぎゅっと丸めて広げる。これを2〜3回繰り返して細かなしわをつける。(a)
2. 適当な大きさに切った段ボールにのりをつけて1をはり、よく乾かす。(b)
3. 花瓶Aは6cm幅に切り、下図のように台形に切る。花瓶Bは2に型紙を写してカッターで切り取る。(c)
※段ボールの穴の方向に注意して型紙を置くこと。
4. 3をのりでカードにはる。
5. 植物を穴に差し込む。

Point
・段ボールははさみでも切ることができる。
・植物が細い場合は、先を折り曲げて差し込んだり、段ボールを上から押さえてつぶし、抜けにくくする。
・送るとき、セロファン袋に入れて封筒に入れると、植物の乾燥を少し防ぐことができる。

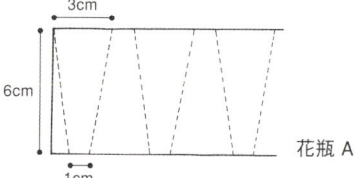
花瓶A

花瓶A　こんなシンプルな形でも、しわをつけた包装紙と差し込んだ植物でオシャレな花瓶に見える

花瓶B　カードの色をカラフルにするとモダンに仕上がる

コピーして切り抜く

図案をコピーして切り抜く。セミやバッタ、ホタルにツバメ、カードにはった小さな図案が一本の線と合わさると、ほら、懐かしい風景に見えてこない？！

材料
紙（A4サイズ）
のり
筆ペン、ペン（黒）
カード
図案　see→裏表紙1

作り方
1. 図案を色の紙にコピーする。
2. 図案より一回り外側をはさみで切り取る。
3. p.17を参考にして筆ペンやペンで線をかき、2をのりではる。

バリエーションを楽しむ

図案を色の紙にコピーして、
白いカードにはる

図案を色の紙にコピーして、
色のカードにはる

木のシート　竹ぐし　炭片　和紙　茶

図案を色の紙にコピーして色の
カードにはり、いろいろな素材を
ボンドで接着する

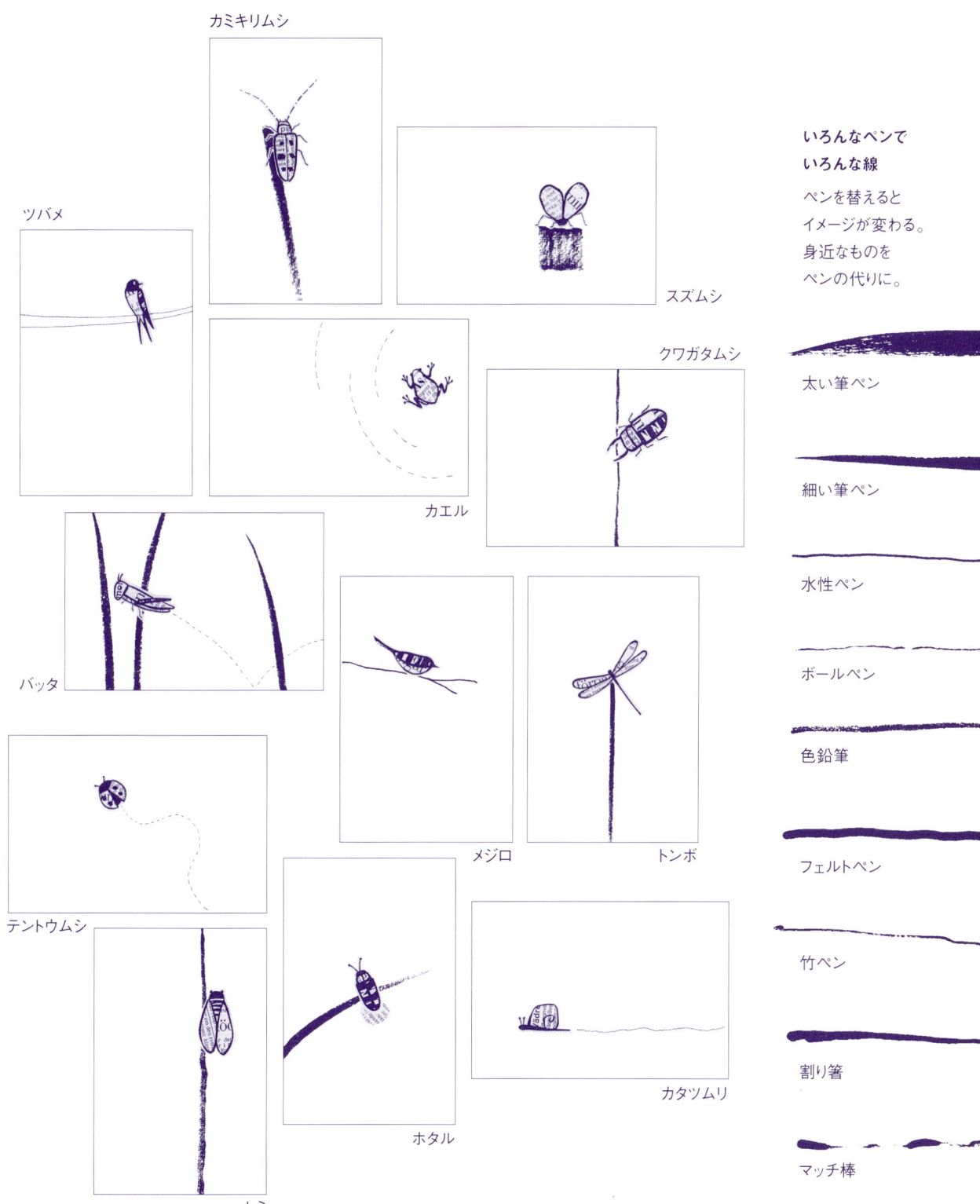

数字をステッチ　　　算数に置き換える　　　糸をはさんではる

数字をどんどんはる　　　数字をはる　　　全部まとめてホッチキスどめ

カレンダーの数字を使って

誕生日、結婚記念日……、何歳、何周年。数字だけのカードでも、その人にとっては、特別なものに感じてもらえる。年齢を重ねた方の誕生日には、数字を重ねるステキな数の贈り方。

古いカレンダーを捨てるときに数字だけ切ってストックしておけば、かさばらず、すぐに作れて便利

段ボールのコテージ

白い絵の具をささっと塗ると、段ボールでできた紙のコテージも、本物の木のコテージに見えてくる。海辺のバカンスに行ったような気分になってくれないかな。

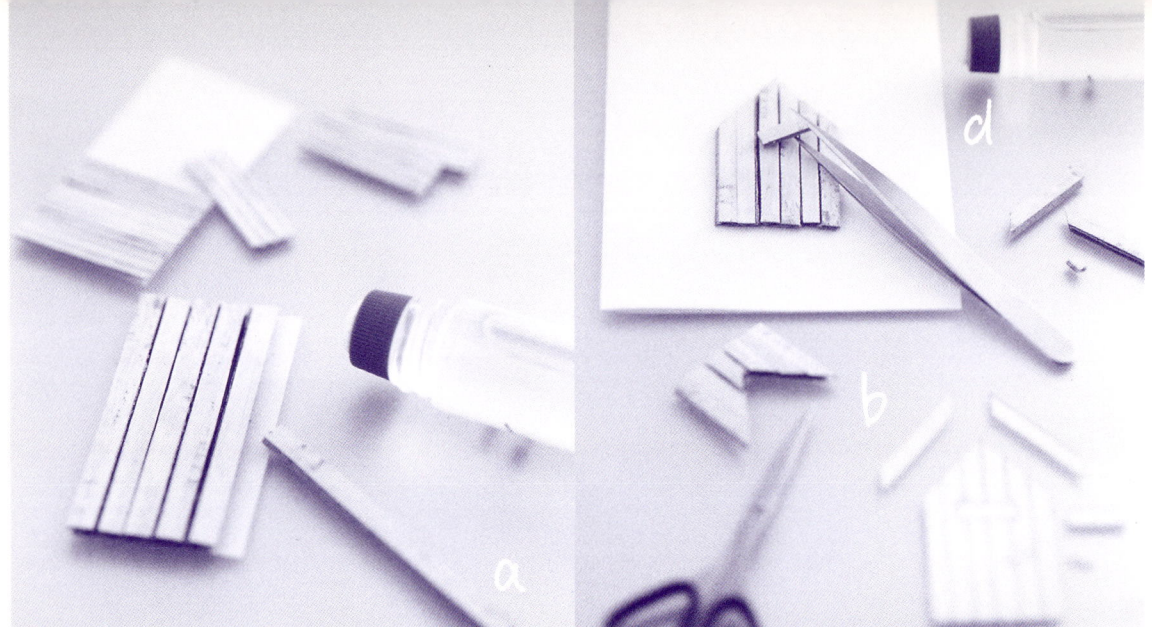

材料（1枚分）
段ボール（クラフト紙または白） 7×10cm
水のり
絵の具（白）
紙　3.5×8cm
カード
型紙

下準備：好みで、クラフト紙の段ボールに絵の具を塗って乾かしておく。

コテージAの作り方
1. 段ボールを0.5×8cm（8本）に切る。
2. 1のうち6本を紙にのりではって乾かす。（a）
3. 型紙①を2に重ねて上部を切る。（b）
4. 1の残りに型紙②〜④を重ねて切る。残った紙片で⑤を切る。（c）
5. カードにのりで3と4をはる。（d）

コテージBの作り方
1. 段ボールを1×3.5cm（6本）、0.5×5cm（3本）に切る。
2. 紙に1の1×3.5cmの6本をのりで接着して、よく乾かす。
3. コテージAの3〜5と同様にして仕上げ、図案のようにカッターで切込みを入れる。

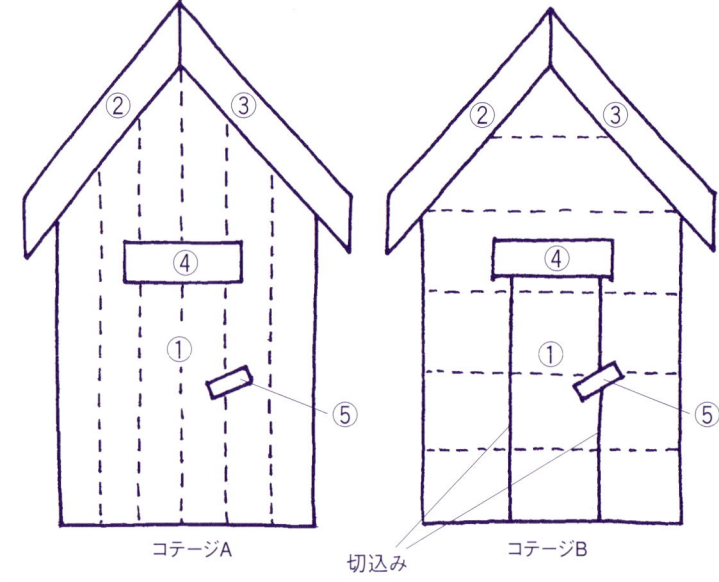

コテージA　　切込み　　コテージB

note
作り始める前に

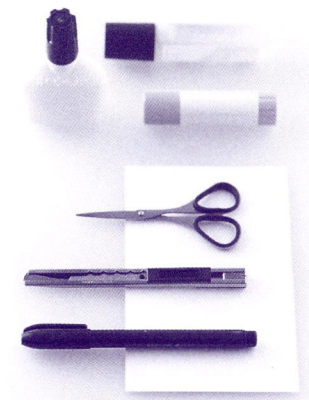

カード作りに必要な道具です。
これだけあれば作れます！

型紙

材料のところで「型紙」と表記されている場合は、図案をボール紙に写して切った型紙を用意します。
紙袋の底敷のボール紙を型紙に利用するのも便利です。
※型紙用の図案はすべて原寸です。

接着剤

この本では、のり、水のり、木工用ボンドと表記しています。

のり：スティックタイプや液状ののりを使っています。薄い紙やトレーシングペーパーをはるときには、しわの出にくいタイプがきれいにはれます。

水のり：乾くと少ししわができてしまいますが、しっかりはれるので、もんでしわをつけた紙や段ボールをはるときに使っています。

木工用ボンド：布や板、コルクをはるときには、木工用ボンドや手芸用ボンドを使っています。スパイスや植物の場合は、多用途ボンドや多用途の強力瞬間接着剤がしっかりはれます。

道具

はさみは手もとにある使い慣れたものを！ 写真のような10cmくらいの小さなサイズのものが一つあると、細かな部分も切りやすくて便利。
カッターは、段ボールや薄板を切るときに使います。この本で使っている材料は、はさみまたはカッターのどちらでも切れるものがほとんどなので、使いやすいほうで作ってください。
ペンは好みの太さのものを使います。細いペンと筆ペンの2種類があれば便利です。

紙袋や包み紙を丸める、もむ

ミニ盆栽は、ミニチュアのようでかわいい。陶器のように見える鉢……実はよくもんだ紙にサンドペーパーをかける裏ワザ。仕上がって自分に贈りたくなったら、きっと手作りを楽しめたから。

丸める、もむ

サンドペーパーをかける

けば立たせる

手でさく

材料
紙袋や包み紙（茶、黒、緑など色の濃いもの）
フェルト（緑）
ひも（茶／図案A、Bの場合）
平たい紙ひも（緑／図案Cの場合）
ペン（緑／図案Aの場合）
のり
木工用ボンド
サンドペーパー
カード
型紙

作り方
1. 紙を適当な大きさに切り、丸めて広げ、何度ももんで細かなしわをつける。
2. 1を伸ばし、鉢の型紙どおりに切って軽くサンドペーパーをかける。
3. フェルトをコケの型紙どおりに切り、端をけば立たせる。
4. 図案どおりにそれぞれのパーツを作る。
5. 紙はのりで、フェルトとひも類はボンドを使って図案を見ながらカードにはる。

Point
・サンドペーパーをかけると紙が陶製の鉢のように仕上がる。
・Cのひもは、糸を何本か束ねても作れる。

ペンで線をかく

A マツ

ボンドではる

B ハゼ

手でさいて根もとだけボンドではる

C リュウノヒゲ

about card
カードのあれこれ

カードについて
15×10cmが仕上りサイズの基本になっています。ポストカードと二つ折りのカードの2タイプで作りましたが、好みのもので作ってください。
ここでは、いろんな色のカードを使っていますが、どのデザインも白いカードをベースにしてもかわいく仕上がるので、白いポストカードサイズまたは二つ折りサイズを用意しておくと便利です。
※カードは、東急ハンズや銀座伊東屋、LOFTなどで購入できます。

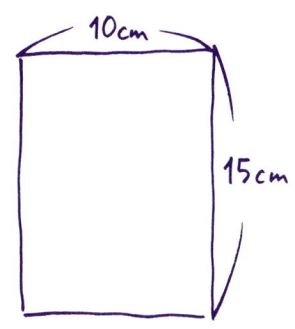

カードのベースを作る
贈答品のタオルやワインなどが入っている厚紙や段ボールの箱は、色や文字が印刷されていたり、厚みが手ごろなので、15×10cmに切り抜くとそのままカードとして使えます。宅配便の書類ケースも、文字のないところを切り抜けば、立派なカードに。見方を変えると材料はいろんなところから見つけることができるのです。

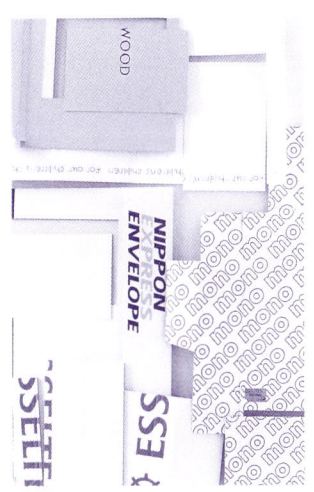

カードを郵送する場合
生の植物を添えた場合は、セロファン袋に入れてから封筒に入れると、植物の乾燥を少し防げます。スパイスや段ボールなど、立体的なパーツがついているものは、封筒に入れるとき、薄い梱包材を添えると安心です。ただし、厚みが1cmを越えると定形外になるので注意。

ポストカードで送る場合
紙や薄い布をはっただけのカードは、ポストカードとして送ることができますが、その場合、しっかりはれるタイプののりをパーツ全面にぬってください。また、あて名面に「郵便はがき」または「POST CARD」と表記することも忘れずに。

紙袋の底を使う

紙袋の底を見て気づいたこと。表面の
印刷が底の途中で切れているものが、
けっこうある。その色の切替えが使える！
ままごと遊びのようなティーセットの
カードは、底のそ･こ･を使うのがポイント。

底を使う

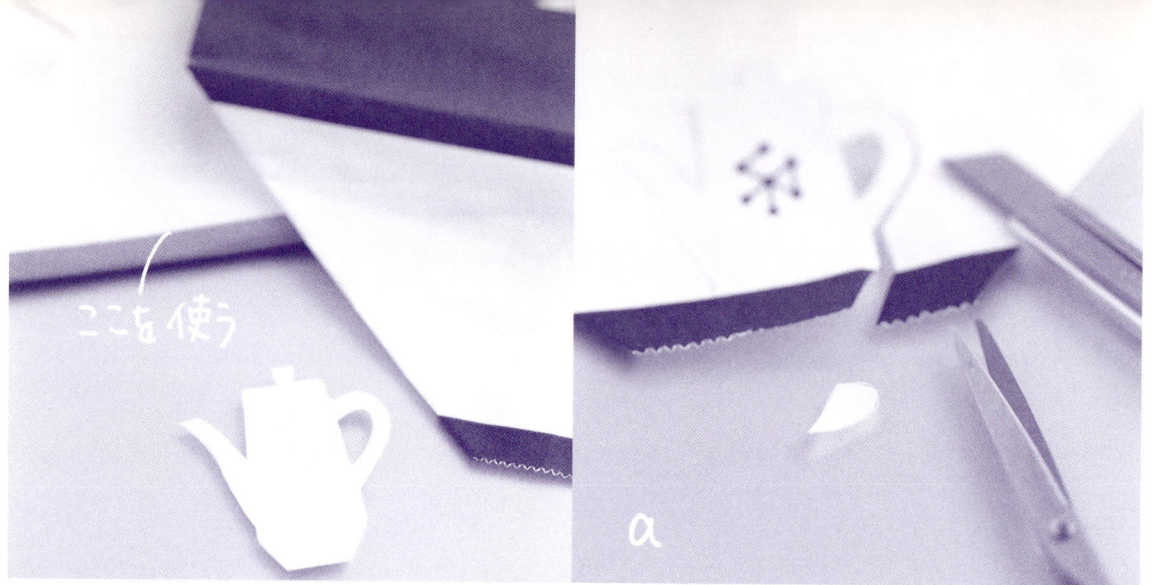

材料
紙袋（底面に色の切替えがあるもの）
のり
カード
型紙

作り方
1. 紙袋の底をはがし、色の切替えがどこかに入るように型紙を写す。
2. 1をはさみで切る。ポットの持ち手の内側はカッターを使うと切りやすい。(a)

Point
底面に印刷されたエコマークなども柄のポイントになる。

p.30 ［コピーする → 薄紙をはる］の作り方

材料
トレーシングペーパー
　（薄緑、水色、薄ピンク）
水のり
紙（黄）
カード
図案
型紙

作り方
1. 図案をコピーし、枠線にそって切る。
2. 1をカードにコピーする。
3. 春夏秋はトレーシングペーパーを三角に、冬は長方形にちぎって水のりではる。
4. 春は型紙（鳥）を紙に、秋は型紙（葉）をトレーシングペーパーに写し、切ってはる。

Point
・トレーシングペーパーにしわしわ感を出すために、ここではあえて水のりを使用。
・トレーシングペーパーのほかに薄紙、接着芯でも代用できる。

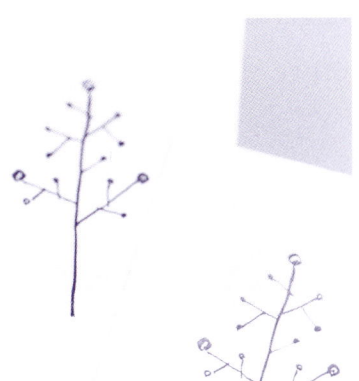

薄めにコピーすると、やさしい感じに仕上がる

葉

鳥

Spring

Summer

Winter

Autumn

コピーする→薄紙をはる

一本の木から四つの季節。
同じ木のイラストも、
重ねる紙の色と形の組合せで
春夏秋冬のやさしい
風景写真のように……。

see→p.29

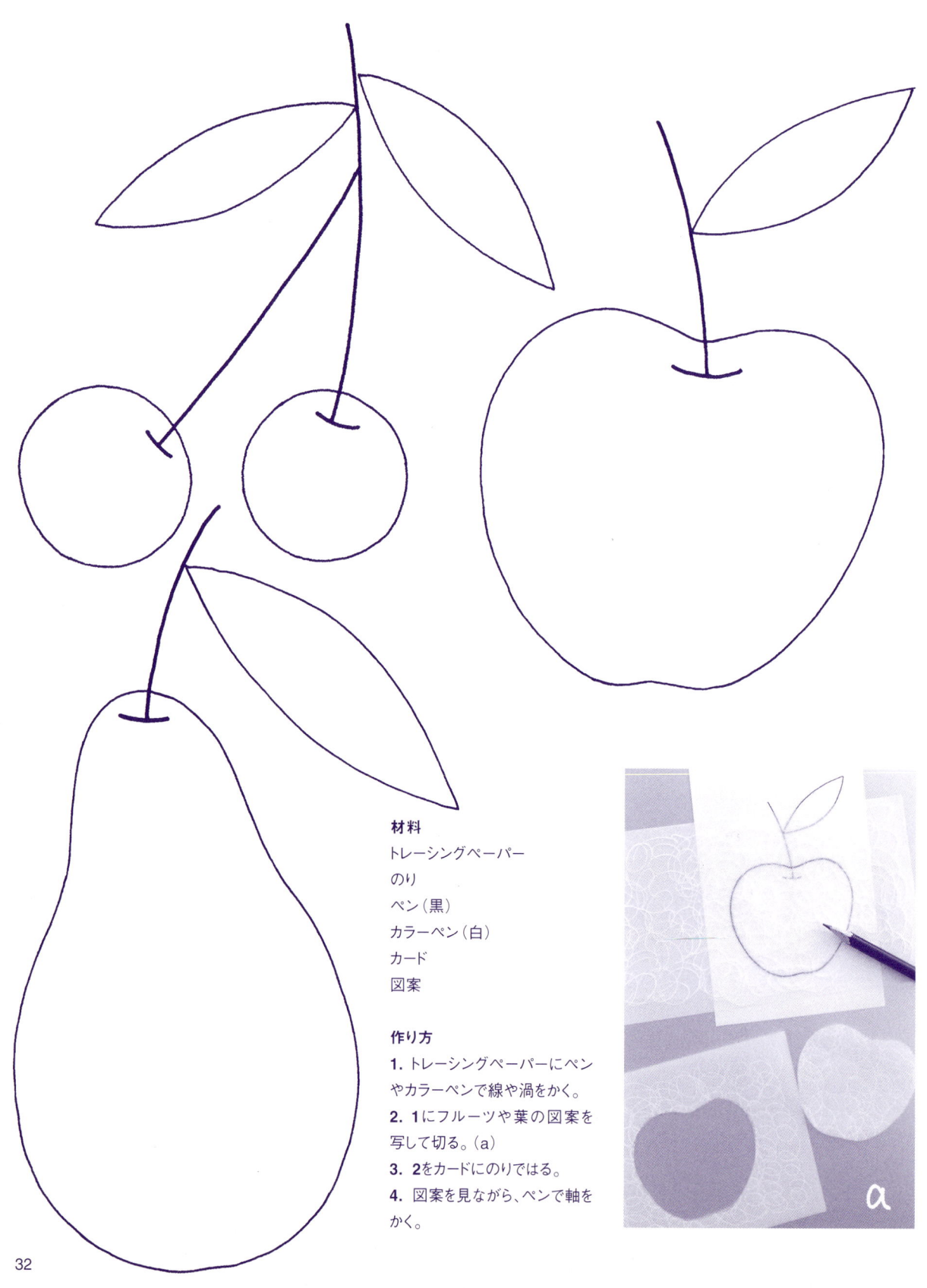

材料
トレーシングペーパー
のり
ペン(黒)
カラーペン(白)
カード
図案

作り方
1. トレーシングペーパーにペンやカラーペンで線や渦をかく。
2. 1にフルーツや葉の図案を写して切る。(a)
3. 2をカードにのりではる。
4. 図案を見ながら、ペンで軸をかく。

薄紙に線をかく

小さな子供に紙とペンを渡したら、気の向くままにぐるぐる渦をかく、線もかく。しかも、はみ出てもおかまいなし！ 忘れていた、一枚の紙に向かうそんなワクワクした気持ち。思い出してどんどんかいてみて！ ゆがんだくらいの線のほうが、切り取ったときによく見えたりするから。

官製はがきのアレンジ

手もとに官製はがきしかなかったとき、どうやってオシャレにする？

薄紙を使う

材料
薄紙
のり
官製はがき

作り方
1. 薄紙を丸めて細かなしわをつける。(a)
2. 1を広げて好みの形にちぎり、のりをつけてはがきにはる。(b)

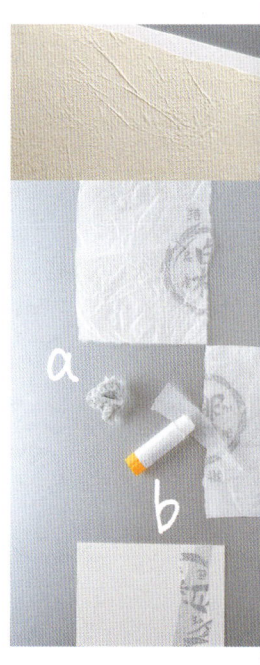

Point 薄紙はラッピングペーパーのほかにフルーツの包み紙、洋服を買ったときに包まれてくる紙など、身近なものを再利用できる。

糸を使う

材料
トレーシングペーパー
ミシン糸
のり
官製はがき

作り方
1. 糸をはさみで細かく切って、はがきの上に散らす。(a)
2. トレーシングペーパーを好みの形にちぎり、のりをつける。(b)
3. 1に2をはり、余分な糸を払い落とす。(c)

useful fabric

紙のように布を扱う

この本では、透けた感じは接着芯、フェルト感はキルト綿を使っているので、それぞれの説明を少し……。

のりつきの布、接着芯

接着芯は本来、洋服を作るときに衿や見返しに使われるもので、裏面にのりがついていてアイロンで簡単に接着することができます。ここでは、不織布といわれる白い紙のような接着芯と、色数も豊富な薄い生地の接着芯を使って、カードとの組合せを楽しんでいます。

オーガニックのキルト綿

パッチワークなどで使われるキルト綿。ここでは、オーガニックのものを使っていて、色もナチュラルな生なり。ふわふわした触り心地が、カードにやさしさを添えてくれます。手に入らないときは、アイボリーのフェルトでも代用できます。

※これらは、大きな洋裁材料店で購入できます。

接着芯を切るだけ（丸と四角）

接着芯は色紙のように扱えて、実はとっても使える材料。
丸と四角に切るだけでも、こんなにかわいいオリジナルのカードになる。
ねっ、接着芯を買いに行かなくっちゃ！

カラーペンで柄をかいたら、もっとかわいい丸と四角に

材料
接着芯（好みの色）
カラーペン（好みの色）
カード
図案（B）　see→p.57

Aの作り方
1. 接着芯を好みの大きさの丸と四角に切る。
2. カードに接着芯ののり面を下にして置き、アイロン（低温）で接着する。

Bの作り方
1. 図案をコピーする。
2. 1の上に接着芯を重ねて置き、カラーペンでパターンをかき写す。(a)
3. Aと同様に仕上げる。

Point
・アイロンでカードが反ってしまった場合は、裏面からもう一度アイロンをあてると落ち着く。
・紙の種類によって、アイロンで接着できない場合は、ボンドを薄くつけてはるといい。

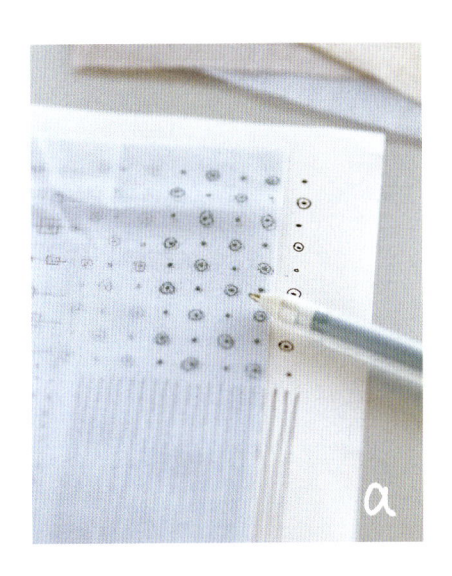

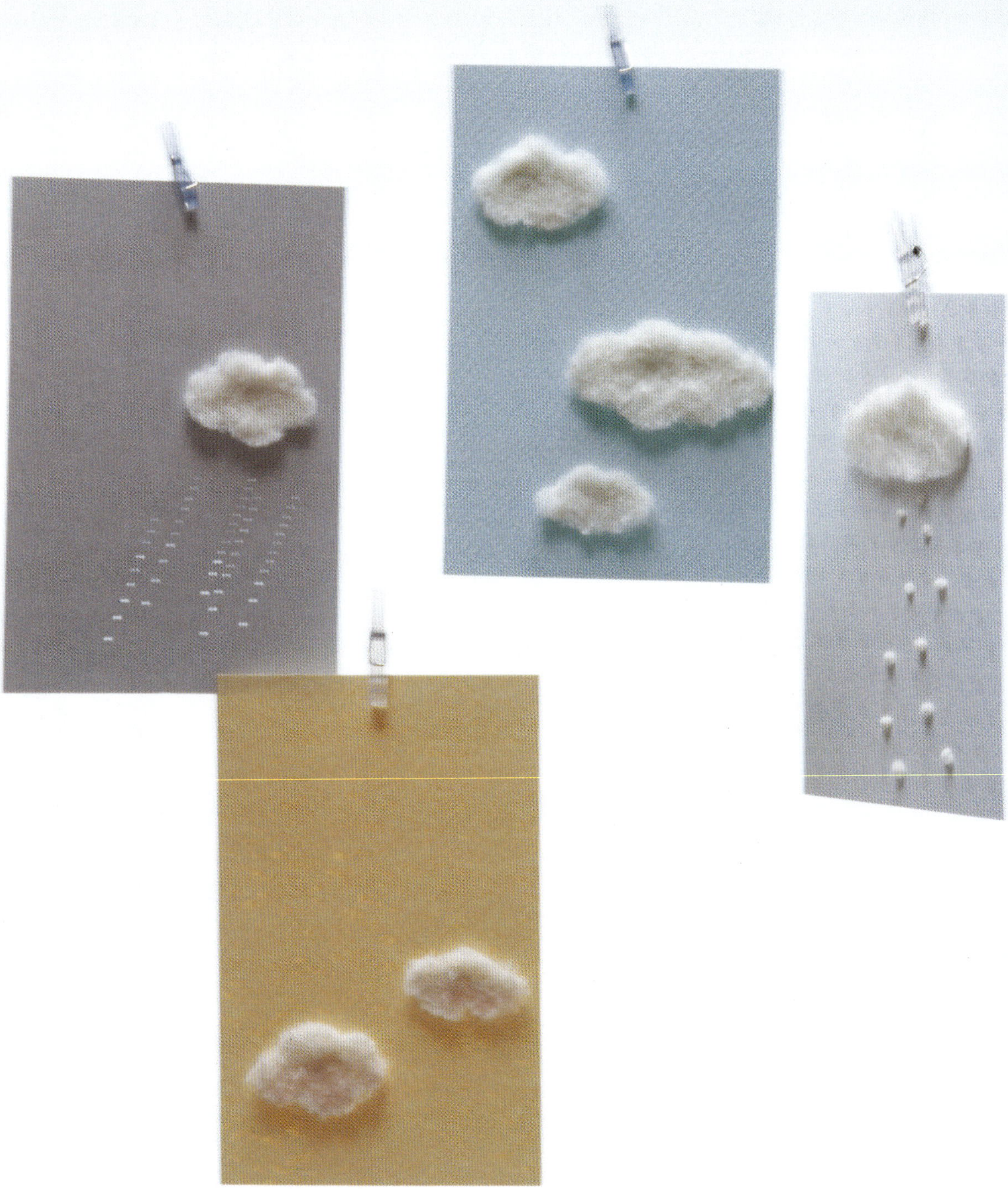

ほお紅

針で穴を あける

キルト綿でいろんな雲

キルト綿を形に切って、ふわふわさせて……
四角いカードにちょこんとのせたら、
ふんわり空に浮かんだ雲に見えてくる。
温かい気持ちが伝わる一枚の「空」。

材料
キルト綿
ほお紅（ピンク）
木工用ボンド
カード
型紙　see→裏表紙2

作り方

1. キルト綿に型紙を写して切り、端をけば立たせる。(a)
2. 下図を見ながらカードに 1 をボンドではる。
3. 雨降り…針で穴をあける。
青い空…三つのサイズの雲をはる。
雪の日…キルト綿を0.3cm角に切り、丸めて球にしてボンドではる。(b)
夕焼け…綿棒でほお紅をつける。(c)

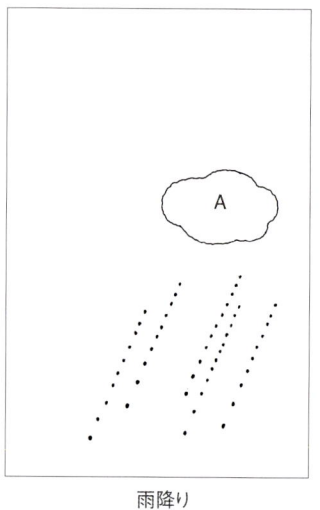

雨降り

青い空

夕焼け

雪の日

修正ペンで
雪をかく

12月のカード

遠い北の国のクリスマス。
空気の粒子が見えそうなくらい
キーンと凍てつくモミの木のカード。
そのまま飾れるオーナメント仕立ての
くつ下のカード。
静かで温かな12月の贈り物。

see→p.52

42

see→p.52

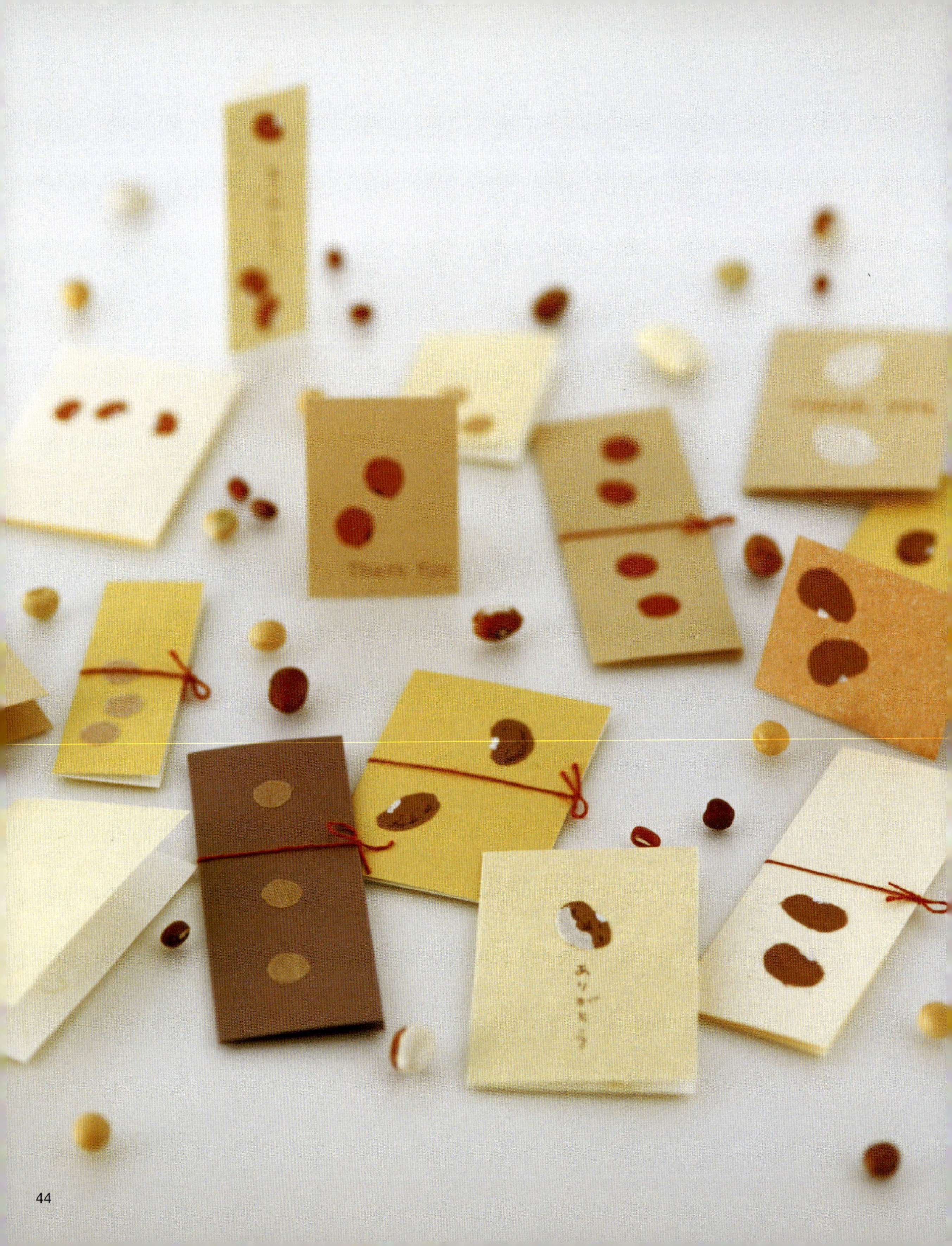
ありがとう

豆でまめにお礼状

豆ってかわいい！ 本物の豆と同じ大きさにちょこちょこ切った接着芯。カードも小さく豆サイズ。ちょっとした感謝の気持ちも、ちゃんと言葉にして伝えるのって大切なことだと思う。

材料
接着芯（茶系）
修正ペン
カラーペン（茶）
カード（カードを縦半分、横半分などに切って二つ折りにし、
　好みの大きさのミニカードを作る）
型紙　see→裏表紙2

作り方
1. 接着芯に型紙を写して切る。
※とら豆は茶の上にベージュで柄を切って重ねる。(a)
2. 1をカードに並べてアイロン（低温）で接着する。(b)
3. 図案を見ながら修正ペンやカラーペンで柄をかく。(c)

Point
好みで赤い糸を結ぶとかわいい。

ハートのティーバッグ

温かい手作りのウェディングにぴったりな、二つのハートが入ったティーバッグのカード。ゆっくり流れる幸せの抽出時間を味わってという気持ちもこめて。

材料
接着芯（不織布・薄手）
キルト綿
手縫い糸（白）
古切手
ホッチキス
のり
カード
型紙　see→裏表紙3

作り方
1. キルト綿に型紙を2枚写して切る。
2. 接着芯（4.5×14cm）ののり面を上にして1を上部に置く。(a)
3. 2の接着芯を二つ折りにし、三辺の端をアイロンで接着する。(b)
4. 糸（18cm）を置いて3の上部を折る。(c)
5. 4の上部を糸も一緒に折り返す。(d)
6. 糸を上に折り返してホッチキスでとめる。(e)
7. 6の糸を針に通し、カードの上部に針を突き通して手前に戻す。(f)
8. 古切手にのりをつけて7の糸端と一緒にカードに接着する。

a b c d e f

47

Happy Birthday

SUMMER

Summer

接着芯のシャーベット

パステル色の接着芯は、透けた感じや生地目のザラザラが
まるでシャーベットみたいって思った。素材から生まれた
おいしいデザイン。

バー

材料
接着芯（パステル系）
薄い板
木工用ボンド
色鉛筆（茶）
カード
型紙　see→裏表紙3

作り方
1. 板と接着芯に型紙を写して切る。(a)
2. カードに1の板をボンドで接着し、接着芯を上から重ねてアイロン（低温）で接着する。
3. 板に色鉛筆で「cool」や「SUMMER」の文字を書く。(b)

Point
薄い板は、和菓子やすしの入っていたふたをきれい
に洗って干しておくと、使えて便利。

コーン

材料
接着芯（パステル系）
紙（ベージュの凹凸のある梱包材やペーパータオル）
のり
カード
型紙　see→裏表紙4

作り方
1. 紙と接着芯に型紙を写して切る。
2. カードに1の紙をのりではり(c)、接着芯を上から重ねてアイロン（低温）で接着する。

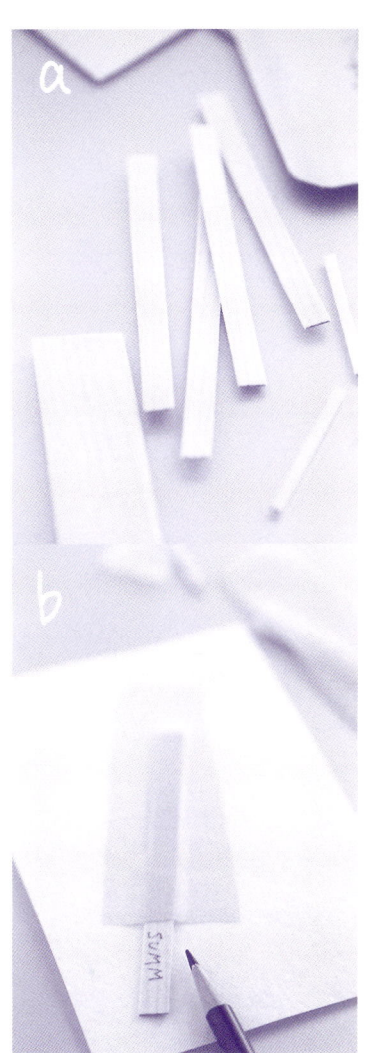

Happy Birthday

接着芯といろんな丸のスタンプ

器の形に切った接着芯に、ぺたぺたスタンプした丸を合わせると、ガラスの器に盛られたかわいいフルーツに見えてくる。スタンプに使えそうないろんな丸、身の回りで見つけてみて。

型紙の中にスタンプ

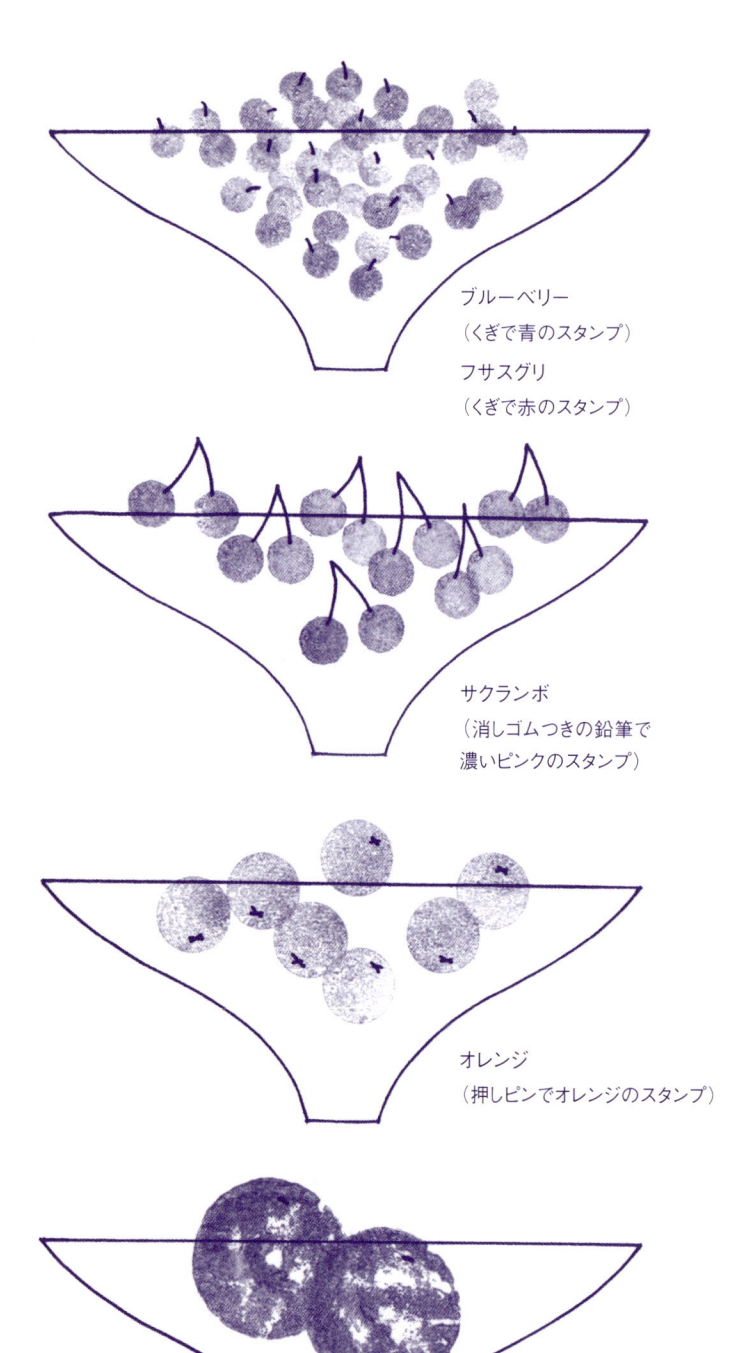

ブルーベリー
（くぎで青のスタンプ）

フサスグリ
（くぎで赤のスタンプ）

サクランボ
（消しゴムつきの鉛筆で
濃いピンクのスタンプ）

オレンジ
（押しピンでオレンジのスタンプ）

グレープフルーツ
（コルク栓で黄のスタンプ）

材料
接着芯（淡い色）
スタンプ台
くぎや押しピン、コルク栓など
カラーペン（茶）
カード
型紙　see→裏表紙4

作り方
1. カードに型紙Bを置いて好みの丸のスタンプを押す。
2. カラーペンで図案を見ながら軸をかく。
3. 接着芯に型紙Aを写して切り、2の上に重ねてアイロン（低温）で接着する。

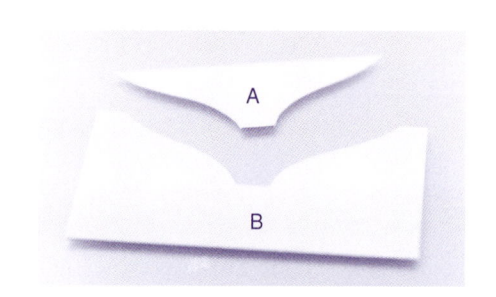

p.41［12月のカード］の作り方

ステッチ　　玉どめ

材料
キルト綿
接着芯（ブルー系や淡いグリーン系）
刺繍糸（紺・3本どり）
木工用ボンド
修正ペン
カード
型紙　see→裏表紙3

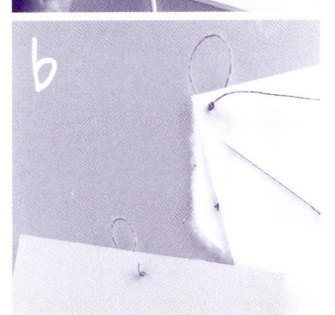

モミの木の作り方
1. 接着芯を8×12cmに切り、端を軽くほぐす。
2. キルト綿に型紙を写して切り、端を軽くけば立たせる。
3. p.41、42の写真と図案を見ながら2に糸でステッチする。
※モミの木（小）は上部からステッチしていき、糸を10cmほど残して切る。
4. カードに1をアイロン（低温）で接着し、3のキルト綿をボンドではる。
5. 糸の先をピンと張り、つまようじでボンドをところどころつけて接着し、カードからはみ出た糸を切る。(a)
6. 修正ペンで雪をかく。(p.41上)

くつ下の作り方
1. キルト綿に型紙を写して切り、端を軽くけば立たせる。
2. p.43の写真とp.52の図案を見ながら糸でつま先からステッチし、最後は裏側に出して直径1.5cmの輪を作れるように糸を残して玉結びする。
※くつ下（大）は、上部を1.5cm折り返して内側を一目すくってから裏側に出す。
3. 糸は切らずにカードの上部に針を刺し、4～5回糸を巻きつけて玉結びする。(b)

Point
くつ下とカードを糸でつなげているので、つるすとプラプラ揺れてかわいい。

モミの木（小）

修正ペン

モミの木（大）　　玉どめ

ステッチ

natural
material

自然の素材を使う

ワインやシャンペンのコルク栓、和菓子の入っていた木箱のふた、キッチンにあるいろんなスパイスや卵の殻、庭のハーブや野原の雑草などなど、日常の中には自然の素材がたくさんあります。みんなカードの材料として利用できるものばかり！ 自然素材の持つ温かみは、手作りのカードだから生かせると思うのです。

コピーする→ハーブを差し込む

作るときも封筒を開けるときにも、ふんわり漂うハーブの香り……
気持ちもふんわり届くかな。

切り目を入れて
差し込む

コルク

材料
ハーブ
コルク栓
木工用ボンド
油性ペン（黒）
カード
型紙
図案

作り方
1. 図案をコピーし、枠線にそって切る。
2. 1をカードにコピーして、カッターで切り目を入れる。(p.55)
3. カッターでコルクを薄く切り、さらに型紙を写して切る。(a)
4. 2にボンドで3をはり、ペンで線をかく。(b)
5. 切り目にハーブを差し込む。

Point
ローズマリーやタイムなどは比較的日もちする。

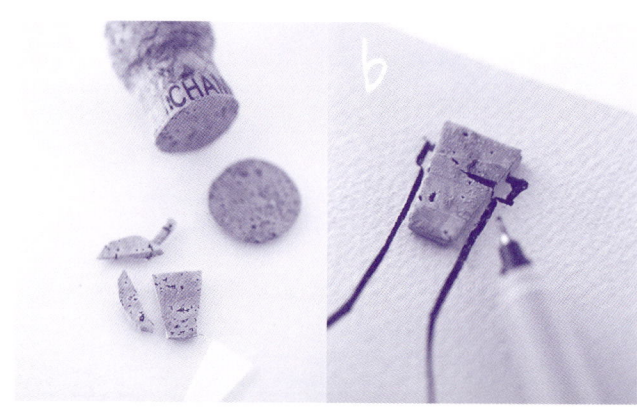

p.36 [接着芯を切るだけ（丸と四角）] の図案

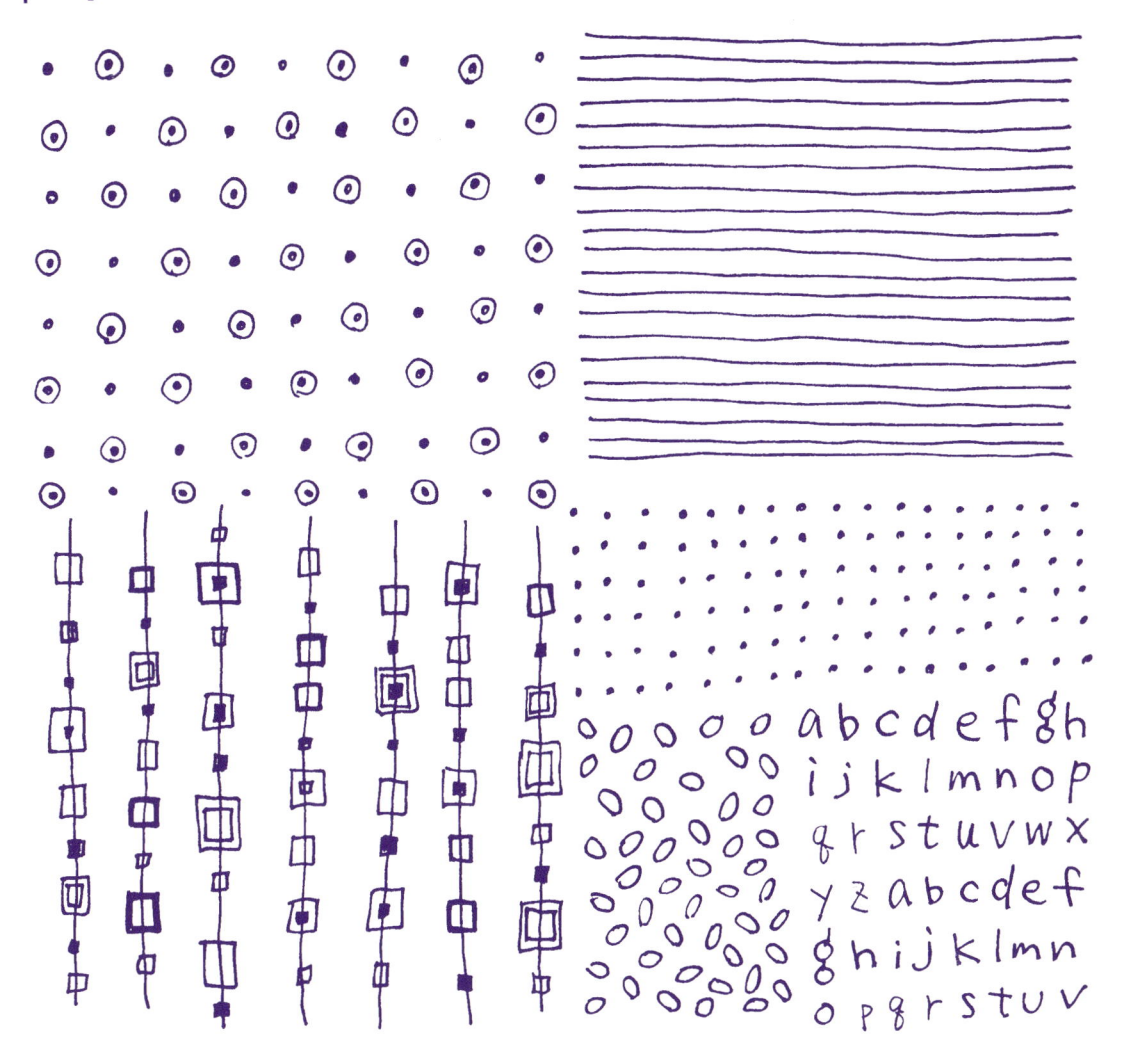

一つあると便利なスタンプ

手作りのカードには、味のある手書きの文字も似合うし、英文字のスタンプを押すとキリッとしまった仕上りになります。気に入った文字のスタンプを一つ持っていると、とても便利。市販のものもありますが、文字の図案をコピーした原稿をはんこ屋さんに持っていくと、スタンプを作ってもらえます。

HAPPY BIRTHDAY Thank You

Happy Birthday **thank you**

HAPPY BIRTHDAY THANK YOU

congratulations

CONGRATULATIONS

Congratulations

コピーする→スパイスをはる

紙の上にちょこっと何かがくっついているのって楽しい。
贈る気持ちにもスパイスでアクセントをつけて。

材料
スパイス
多用途ボンド
カード
図案　see→p.60

作り方
1. 図案をコピーし、枠線にそって切る。
2. 1をカードにコピーする。
3. スパイスは、厚みのあるものは割ったり、大きいものは細く切る。(a)
4. 3をボンドで2に接着する。

Point
写真はベイリーフ、シナモンスティック、カルダモンを使用。

型紙をなぞる→木片をはる

木のサーバーをはったサラダボウルのカード。透明なガラスに見えるのは、太さの違うペンでかいたから。

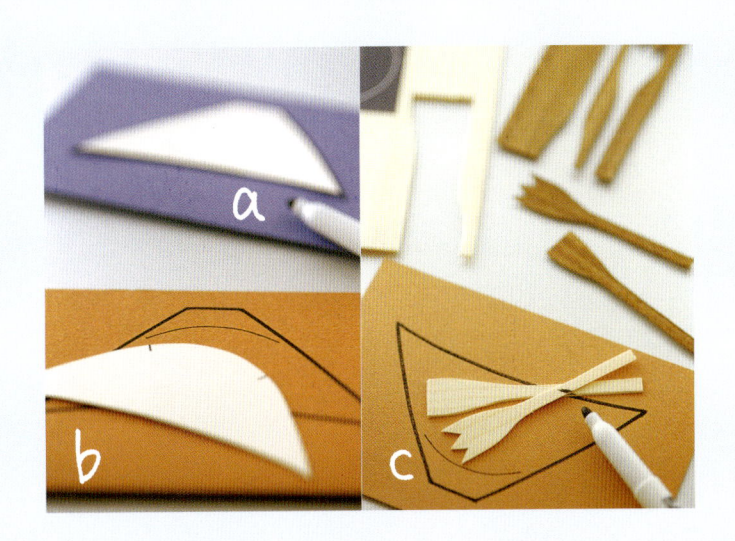

p.58 ［コピーする→スパイスをはる］の図案

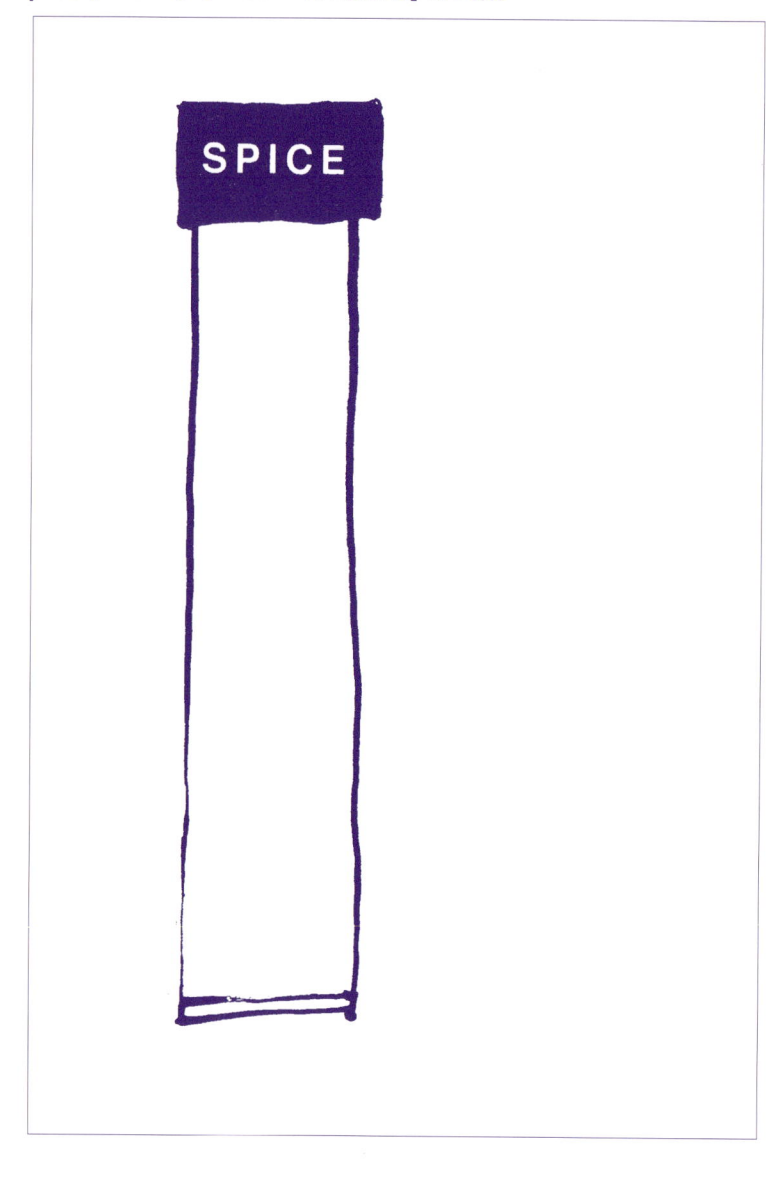

p.59 ［型紙をなぞる→木片をはる］の作り方

材料
薄い板
木工用ボンド
太いペン（黒）
ペン（黒）
カード
型紙　see→裏表紙4

作り方
1. 写真のようにボウルの型紙A、Bを作り、Bに印を2か所つけておく。
2. カードに太いペンで型紙Aをなぞる。（p.59 a）
3. 型紙Bを2に合わせて置き、型紙の印から印までを細いペンでなぞる。（p.59 b）
4. 板にサーバーの型紙を写して切り、3にボンドではる。
5. 太いペンで線をかき足す。（p.59 c）

Point
板は和菓子や折り箱のふたを使ってもいい。また、板の代りに厚紙で作ってもかわいく仕上がる。

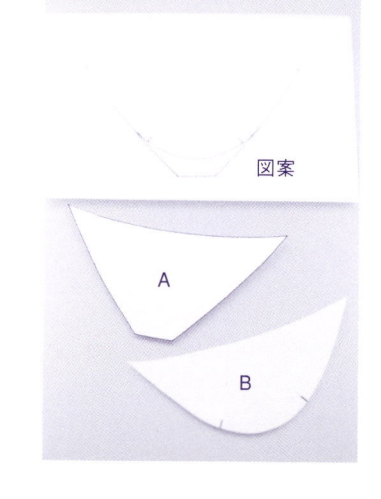

東急ハンズなどで売られている、粘着シートがついた薄い板も便利

図案

p.62 [セミの声を届ける] の作り方

材料
薄い板
木工用ボンド
筆ペン
ペン（黒）
カード

作り方
1. 右の図を見ながら、カードの上から10cmのところに筆ペンで地面の線をかく。
2. 板（10×1cm）をボンドでカードにはる。
3. p.62を参照して、筆ペンやペンで文字を書く。

Point
同じ人に、一夏に3枚連続で送ったカード。最後のカードには小さな虫の音を添えて一足早い秋を届けた。

p.62のカードでは、東急ハンズなどで売られている木の皮を使用

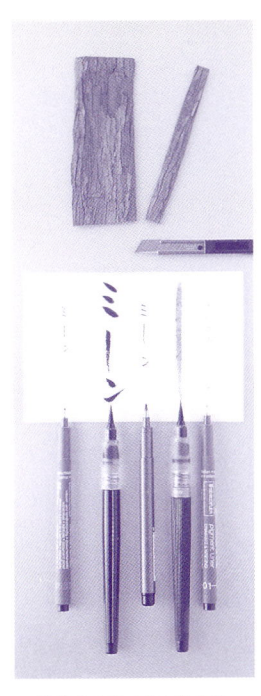

いろんなペンでいろんなセミの声

夏の初め

真夏

夏の終り

■虫取り網を作ってみたい人に……

材料
竹ぐし
針金
オーガンディ
木工用ボンド
糸（白）
型紙

網

作り方
1. オーガンディに網の型紙を写して切る。
2. 針金（10cm）の中央を直径1.5cmくらいのものに巻きつけて円を形作り、ねじってとめる。
3. 1を右図のように縫い合わせて表に返し、2に糸でまつりつける。
4. 竹ぐし（9cmにカット）にきりで穴をあけ、ボンドをつけて3を差し込む。

セミの声を届ける

小さな木片が、文字を書き加えると大きな木に見えてくる。季節の声を届ける夏のカード。

夏の終り

真夏

夏の初め

コルクの月

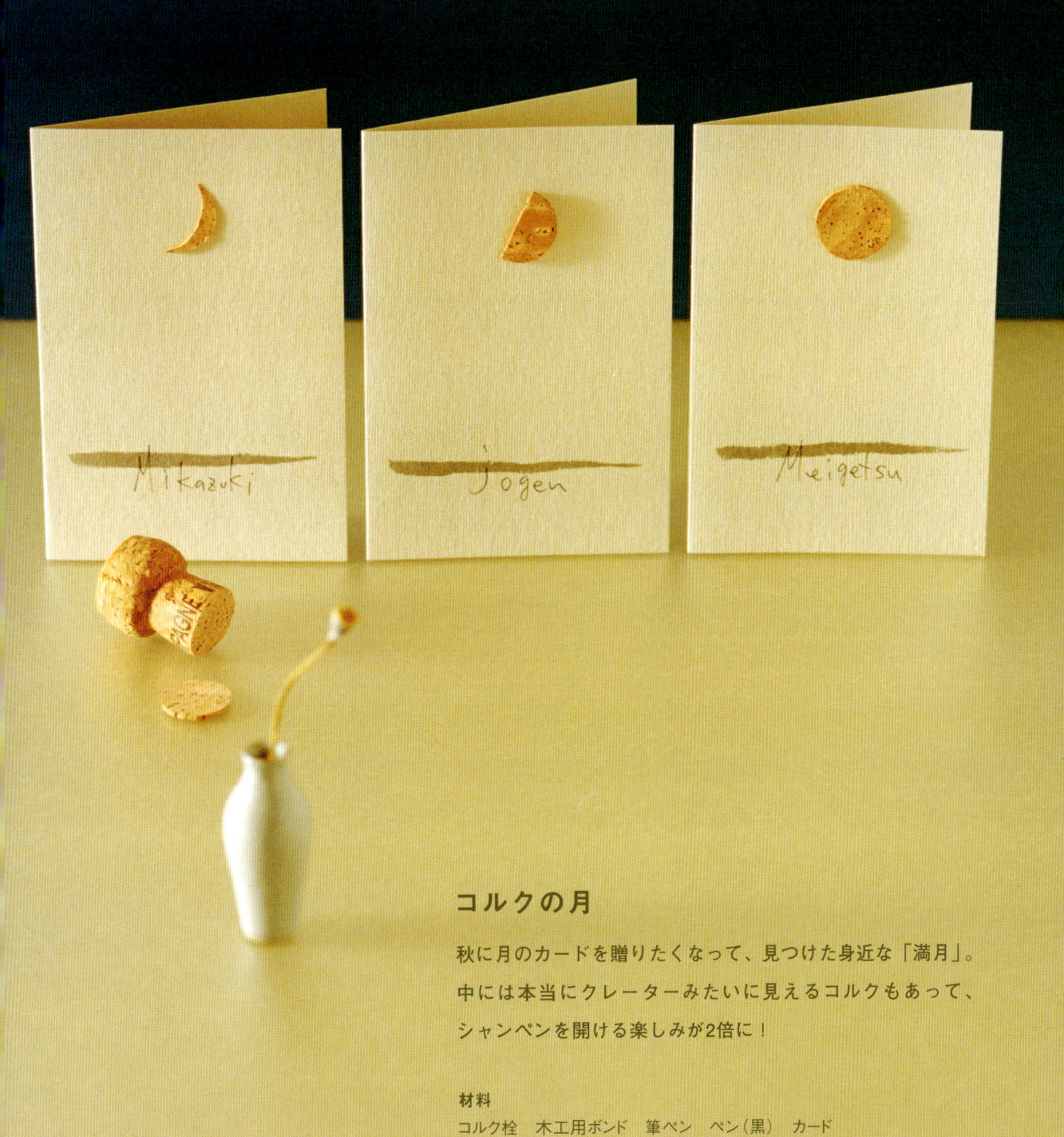

秋に月のカードを贈りたくなって、見つけた身近な「満月」。中には本当にクレーターみたいに見えるコルクもあって、シャンペンを開ける楽しみが2倍に！

材料
コルク栓　木工用ボンド　筆ペン　ペン（黒）　カード
作り方
コルク栓をカッターで薄く切り、好みの月の形に仕上げる。ボンドでカードに月をはり、筆ペンとペンで線と文字をかく。

卵の殻を使う

卵の殻→ぐるぐる→ぐしゃっ！　作っているときがなんとも楽しい、モザイク模様のヒトデのカード。

材料
卵の殻
カラーペン（パール系）
木工用ボンド
のり
紙
カード
型紙

作り方
1. 卵の殻にカラーペンで細かく渦をかく。(a)
2. 1を指でつぶして細かく砕く。(b)
3. 紙をちぎって8×8cmくらいにする。
4. 3にヒトデ形をくりぬいた型紙を置いてつまようじで少しずつボンドを塗り、2を接着する。(c)
5. 4をのりでカードにはる。

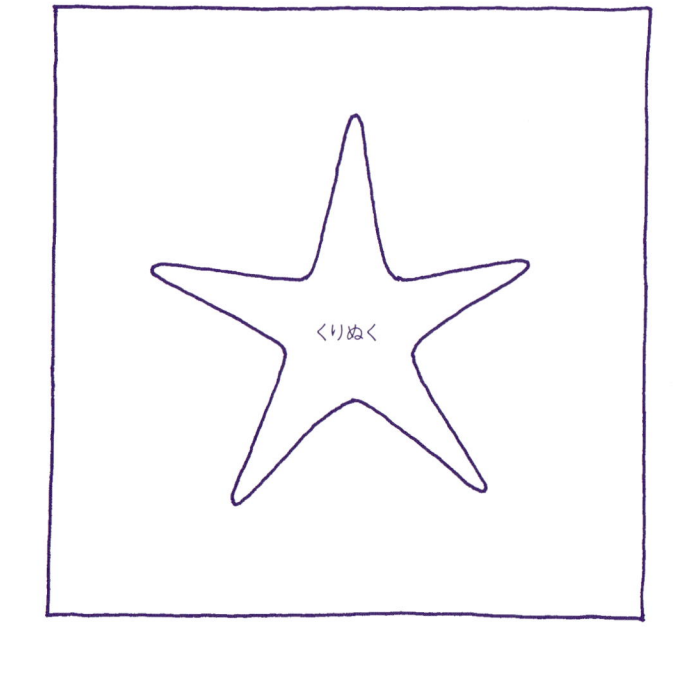

くりぬく

a

b

七夕のカード

「小さな小さな短冊に、大きな願い事を書いてネ！」と
言葉を添えて贈る。カードで楽しむ七夕祭り。

材料
笹の葉（乾燥させたもの）
笹の軸
紙（7色各1枚）
多用途ボンド
ペン（黒）
糸（白）
カード

作り方
1. 笹の葉を写真を見ながら2枚切る。(a)
2. 糸を通した針を7枚の紙片（約0.5×3cm）に突き通し、直径4cmの輪を作って玉結びする。(b)
3. 2の糸を引っかけた笹の軸（約14cm）と1をボンドでカードに接着する。
4. 好みで紙片の1枚に「七月七日」、カードに「Wishing on a star」（星に願いを）とペンで書く。

線香花火のカード

散歩の途中に見つけた雑草。ひっくり返すと……
線香花火に見える!

材料
押し花にした植物
　（カヤツリグサなど）
カラーペン（金）
木工用ボンド
カード

作り方
1. 写真のように、カードに植物をボンドで接着する。
2. ペンで「SUMMER」とかく。

Point
オレンジ色の蛍光マーカーで色を塗った丸い紙片をカードの裏面にはると、線香花火の火玉がぽつりと落ちたようで楽しい。

thank you card

いただき物のお礼状

いただき物のお礼状は「絵をかかない絵手紙」。いただいたものが入っていた紙袋、包み紙、ひもなどをカードにぺたっとはるだけで、気持ちが通じる「絵手紙」のでき上り！「ありがとう」がうんと伝わる、ちょっと粋なお礼状。

紙袋、包み紙が材料

例えば左のようなお菓子をいただいたとき。紙袋や包み紙で、こんなにいろんなお礼状が作れる。この楽しみを知った人は、開けるとき、すごく慎重になって、「このひもは使えそう」「このシールも使えるかな」とか、どんなお礼状を作ろうかと考えてしまう。いただき物をすると、おいしい中身とお礼状作りで、楽しみが倍に！

今までに作ったお礼状

A 折り箱に入ったお餅
作り方　折り箱は箱の形をイメージして切り取り、包み紙の一部も切ってカードにのりではる。ひもを裂いて細くし、カードにひもがけして、シールをちぎって上からはる。
Point　賞味期限が1日の生菓子は、日付がそのまま使える。

C きれいなリボンの洋菓子
作り方　包み紙を箱の形にちぎり、しおりから切り取ったマークや文字、リボンをカードにのりではる。

B 細長い箱入りの和菓子
作り方　包み紙や箱を、細長い箱の形に切ったりちぎったりしてカードにのりではる。ひもを裂いて細くし、カードにひもがけして、小さく切ったシールをはる。

D コーヒー豆
作り方　紙袋をコーヒーカップの形に切り、カードにのりではる。強力ボンドでコーヒー豆を接着する。
Point　日本茶、紅茶、ハーブティーなどにも使えるアイディア。

包み紙（帯）

包み紙（アルミ箔）

包み紙のシール

要冷蔵シール

笹の葉

E　F

箱

袋

G　H

しおり

E アルミ箔に包まれたチョコレート
作り方　アルミ箔はチョコレートの形に折り、帯は手でちぎってカードにのりではる。
Point　アルミ箔に残ったチョコレートの香りもほんのり届く。

G 一つずつ袋に入ったお菓子
作り方　箱は、お菓子の形をイメージして丸く切り取り、袋は食べるときに破ったままの状態でカードにのりではる。
Point　おせんべいなど、袋がきれいに残せるお菓子に向く。

F 笹の葉に包まれたおまんじゅう
作り方　笹の葉を洗って細く切り、三角形に折って乾かす。カードにのりで笹とシールをはる。
Point　中身のお菓子をミニチュアにして再現する。

H 缶入りの焼きのり
作り方　しおりを缶の形に切り、ふたの部分も切り取って、カードにのりではる。しおりから文字をちぎってはる。

wrapping idea

ラッピングのアイディア

贈り物をするなら、自分の手でラッピング。カードと同じ、手作りラッピングも簡単で楽しいものです。オーガンディのふろしき包みは、ほんのり中身が見えるオシャレな包み方。日本の伝統的なかけ紙も、遊び心のある和の包み。手で裂いたり、ちぎったり、ポンとスタンプしただけでも、なんだか温かい気持ちが伝わるラッピングになると思うのです。

透明感のある布、オーガンディ

ここでは、光沢のないナチュラルな綿オーガンディを使っています。手で裂いた糸のほつれもやさしい感じ。はさみで少し切り目を入れてから勢いよく裂いて、少し糸を抜いて生地目を落ち着かせます。

※綿オーガンディは、大きな洋裁材料店で購入できます。

オーガンディの
ふろしき

オーガンディのふろしきにミニカードを添えてラッピング。失敗してもふんわり包み直せたり、布にくるまれた中身がうっすら透けて見えたりするのもオシャレ！

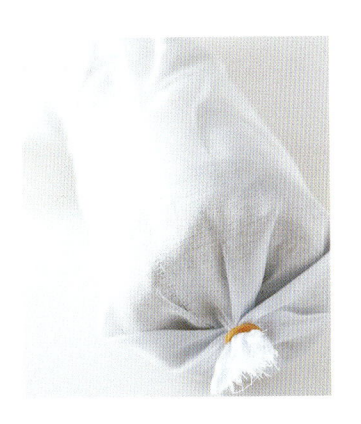

Point
・30cm角と40cm角くらいの2サイズにしてストックしておくと、ちょっとした贈り物を包むのに、すぐに使えて便利（ワインボトルの大きさまでなら、きれいにすっぽり包める）。
・ボトルの底はオーガンディを何か所かセロファンテープでとめる。ワインボトルの場合は輪ゴムで束ねると包みやすい。

ミニカードを作る

カードを作るとき、ちょっと余分にパーツを作っておけば、
ラッピングに小さなメッセージとアクセントを添えられる。

かけ紙のラッピング

p.14のパーツを使う和のラッピング。カードではペンで線をかいたけれど、かけ紙には
ひもや植物を組み合わせて。赤い一本の線が、包みをぐっと引き締めてくれる。

消しゴムスタンプ

カッターで「---」「・・・」と彫るだけ。削り方は下手でいい。後で三つのピースに切り分けるから、どんなにいびいびがたがたでも、みんなかわいいスタンプになる。オーガンディやラベルに押して、おいしいお菓子を楽しくラッピング！

材料
消しゴム
スタンプ台（好みの色）
型紙　see→裏表紙4

作り方
1. 図案を見ながら、消しゴムに鉛筆で点や線をかく。
2. 1をカッターや彫刻刀で彫る。
※刃先を少し差し込んで消しゴムをぐるっと一回転させると、簡単に小さな点を彫ることができる。
3. 下図の点線のように斜めにカットして、三つに分ける。
4. 紙やラベル、オーガンディにスタンプする。
Point
ラベルは、スタンプした後、端をちぎると手作りのよさが出る。

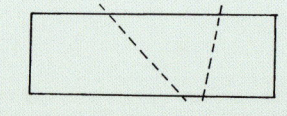

ホールのままケーキを包む
オーガンディのふろしきの隅にスタンプをポン!

切り分けて包む
切り口が水玉みたい。スタンプも同じイメージで。

クコとマツの実のスパイスケーキ

see→p.79

クッキーもミニカードも細長く

黒ゴマとクッキーの形をイメージした、モダンなモノトーンの包み方。

かけ紙の柄がクッキーの形

ポンポン……とスタンプして、くるり！ あっという間に包めます。

黒ゴマのクッキー

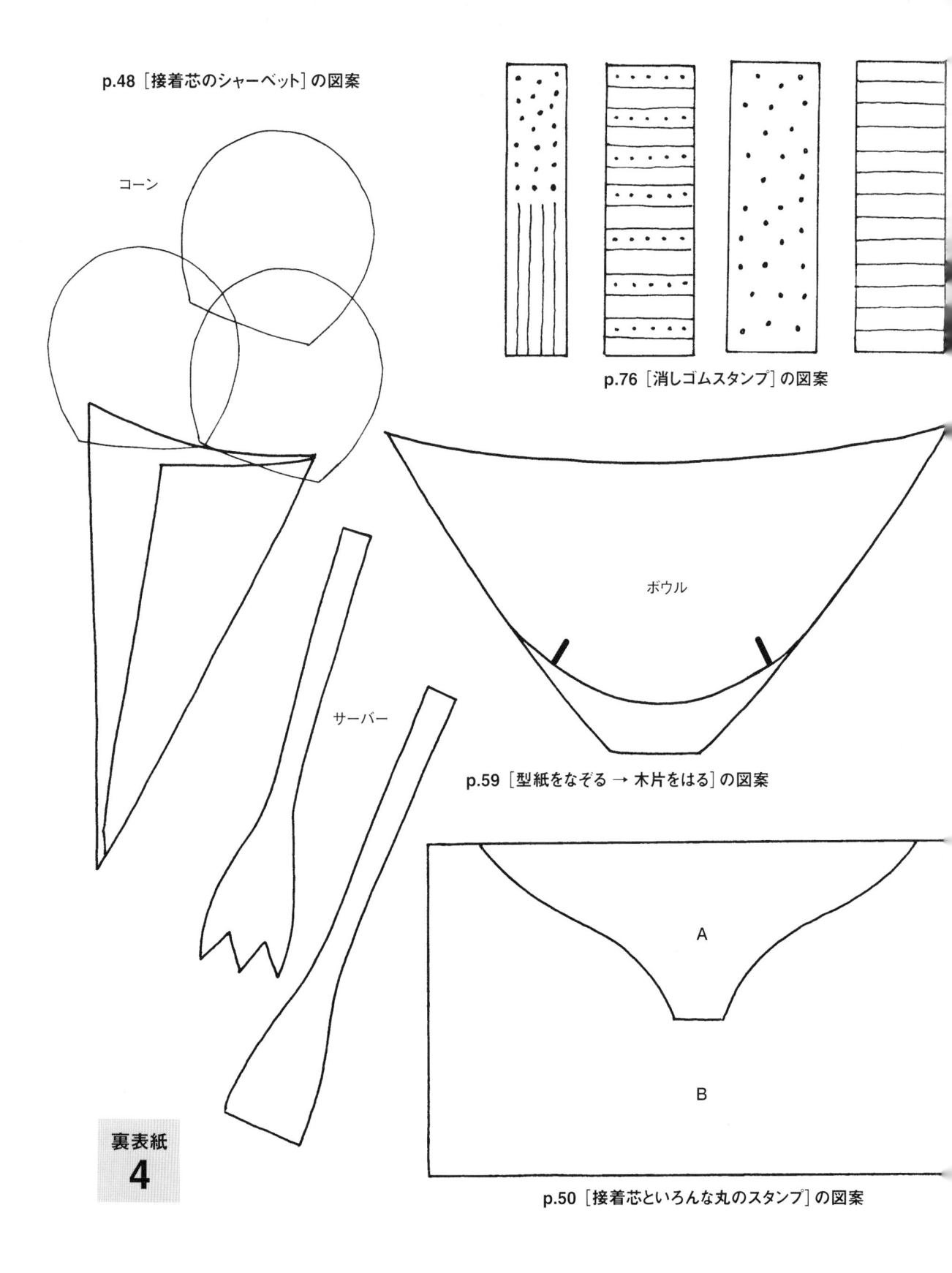

p.48 ［接着芯のシャーベット］の図案

コーン

サーバー

p.76 ［消しゴムスタンプ］の図案

ボウル

p.59 ［型紙をなぞる → 木片をはる］の図案

A

B

p.50 ［接着芯といろんな丸のスタンプ］の図案

裏表紙
4